Zona de construcción

Las grúas

por Rebecca Pettiford

Bullfrog en español

Ideas para padres y maestros

Bullfrog Books permite a los niños practicar la lectura de textos informativos desde el nivel principiante. Las repeticiones, palabras conocidas y descripciones en las imágenes ayudan a los lectores principiantes.

Antes de leer

- Hablen acerca de las fotografías. ¿Qué representan para ellos?
- Consulten juntos el glosario de las fotografías. Lean las palabras y hablen de ellas.

Durante la lectura

- Hojeen el libro y observen las fotografías. Deje que el niño haga preguntas. Muestre las descripciones en las imágenes.
- Léale el libro al niño o deje que él o ella lo lea independientemente.

Después de leer

- Anime al niño para que piense más. Pregúntele: Las grúas son máquinas grandes. Ellas levantan y mueven cosas pesadas. ¿Conoces otras máquinas grandes que hagan esto?

Bullfrog Books are published by Jump!
5357 Penn Avenue South
Minneapolis, MN 55419
www.jumplibrary.com

Library of Congress Cataloging-in-Publication Data

Names: Pettiford, Rebecca, author.
Title: Las grúas / por Rebecca Pettiford.
Other titles: Cranes. Spanish
Description: Minneapolis, MN: Jump!, Inc., [2023]
Series: Zona de construcción
Translation of: Cranes. | Audience: Ages 5–8
Identifiers: LCCN 2022009117 (print)
LCCN 2022009118 (ebook)
ISBN 9781636909813 (hardcover)
ISBN 9781636909820 (paperback)
ISBN 9781636909837 (ebook)
Subjects: LCSH: Cranes, derricks, etc.
Juvenile literature. | Hoisting machinery
Juvenile literature.
Classification: LCC TJ1363 .P4518 2023 (print)
LCC TJ1363 (ebook)
DDC 621.8/73—dc23/eng/20220328

Editor: Jenna Gleisner
Designer: Michelle Sonnek
Content Consultant: Ryan Bauer
Translator: Annette Granat

Photo Credits: Bjorn Heller/Shutterstock, cover; Lalocracio/iStock, 1; Umlaut2013/Dreamstime, 3; MODSTEEL/Shutterstock, 4; iantsarik/Shutterstock, 5; aapsky/Shutterstock, 6–7; nano/iStock, 8–9; ZoranOrcik/Shutterstock, 10–11, 17, 23tl, 23br; Lobachad/Shutterstock, 12, 23tr; Nick Rostov/Shutterstock, 13; thaloengsak/Shutterstock, 14–15, 23bl; Fahroni/Shutterstock, 16, 23tm, 23bm; Budimir Jevtic/Shutterstock, 18–19; Roman023_photography/Shutterstock, 20–21; Vereshchagin Dmitry/Shutterstock, 22; Sanit Fuangnakhon/Shutterstock, 24.

Printed in the United States of America at Corporate Graphics in North Mankato, Minnesota.

Tabla de contenido

Levántalo

Las grúas son máquinas grandes.
Ellas levantan cosas pesadas.

Algunas son altas.

Esas se quedan en un solo lugar.

Otras tienen ruedas.

¡Ellas se mueven!

rueda

Las grúas nos ayudan a construir.

estabilizador

Los estabilizadores salen.

Estos mantienen firme el camión.

Linda mueve las palancas de mando.

Estas mueven las partes de la grúa.

La pluma sale.

Es como un brazo grande.

pluma

Ella tiene poleas.

Estas tienen ganchos en los extremos.

Un gancho recoge una viga.

¡Mira!

La pluma levanta la viga.

¡Está bien arriba!

Ella baja la viga.

Regresará para levantar más vigas.

¡Las grúas hacen trabajos grandes!

Las partes de una grúa

¿Cuáles son las partes de una grúa? ¡Échales un vistazo!

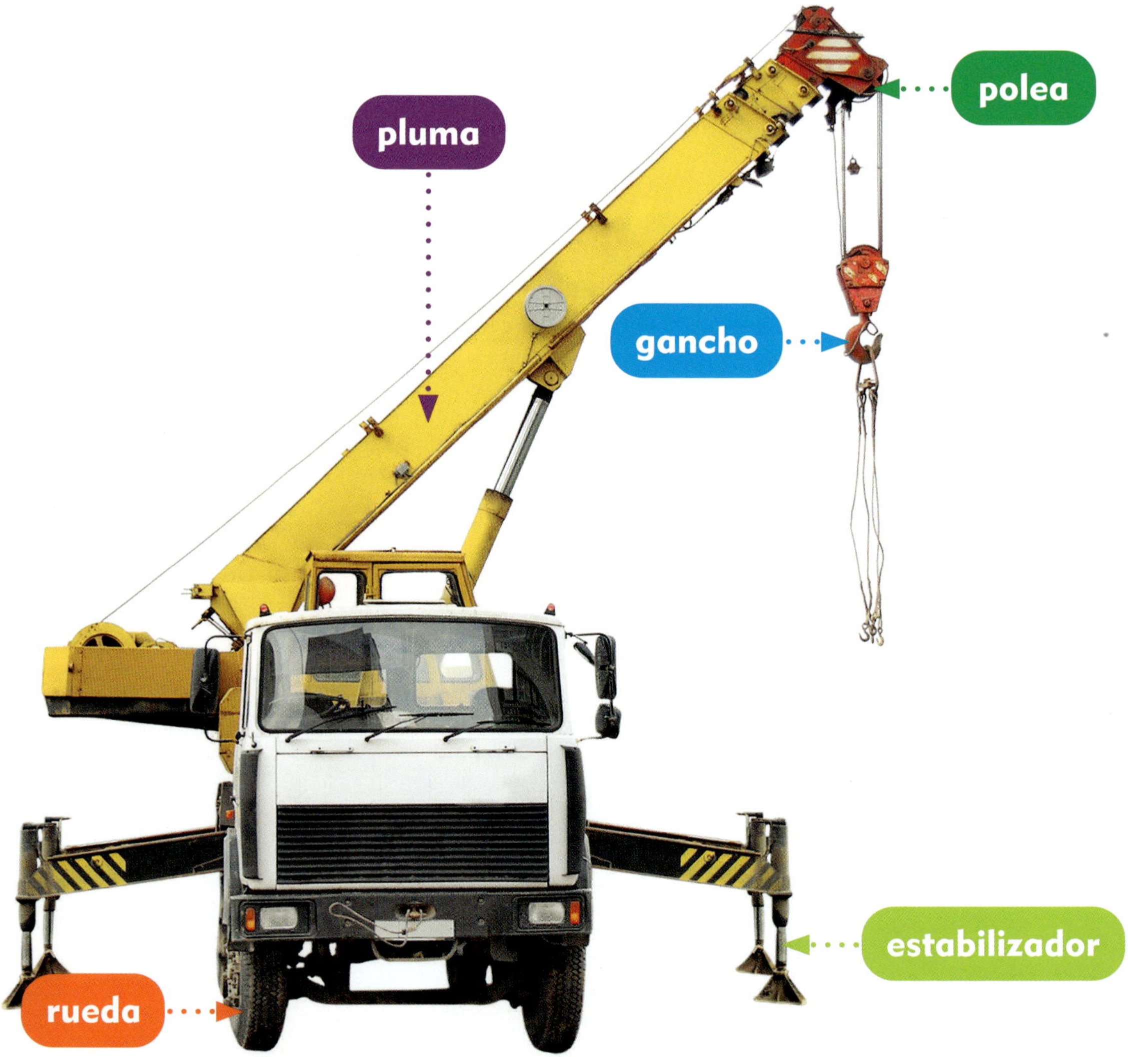

Glosario de fotografías

estabilizadores
Las patas en una grúa que la mantienen en su lugar.

ganchos
Piezas de metal curvas que se usan para colgar cosas.

palancas de mando
Dispositivos que se usan para controlar una grúa.

pluma
El brazo largo de una grúa que mueve cosas grandes o pesadas.

poleas
Ruedas con cables que pueden girar para levantar cargas pesadas.

viga
Una pieza larga y gruesa que ayuda a sostener un edificio.

Índice

Para aprender más

Aprender más es tan fácil como contar de 1 a 3.

1. Visita www.factsurfer.com
2. Escribe "lasgrúas" en la caja de búsqueda.
3. Elige tu libro para ver una lista de sitios web.